Qu'est-ce q

Fais les calculs et relie les réponses dans le bon ordre.

18 : 2

40 : 4

2 x 4

33 : 3

21 : 3

2 x 6

20 - 7

12 : 2

2 x 7

17 - 16

25 - 20

60 : 4

10 : 5

32 : 2

18 : 6

20 - 16

9 + 8

3 x 6

30 - 11

Objectif : calculer et connaître l'ordre des nombres.

Quel anniversaire !

2 Ecris les bonnes réponses dans les petites cases.

Combien de cadeaux Anne a-t-elle reçus en tout ? ☐

Il y a 42 bougies dans la boîte. Maman en a pris 7. Combien en reste-t-il ? ☐

En combien de morceaux chaque gâteau est-il coupé ? ☐

Combien de billes y a-t-il en tout ? ☐

Combien de cadeaux chacun peut-il pêcher ? ☐

Combien de bonbons reçoit chaque enfant ? ☐

Objectif : résoudre des problèmes simples à l'aide d'objets concrets.

Quelle heure est-il ?

Dessine les aiguilles des montres.

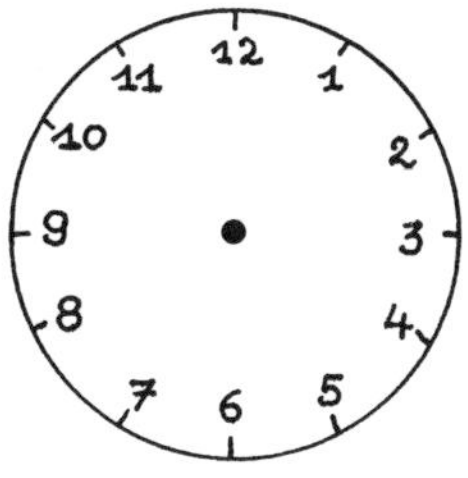

3h30

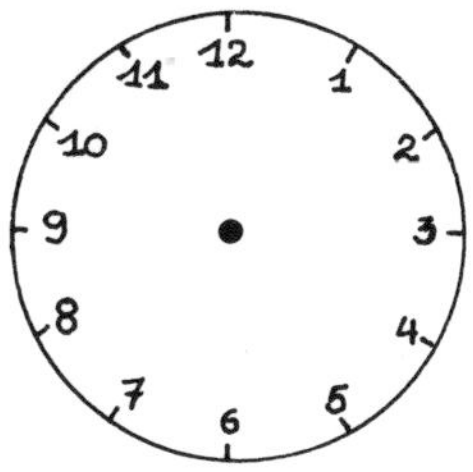

10h40

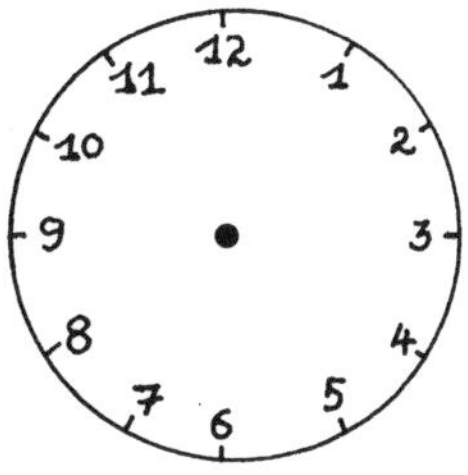

midi

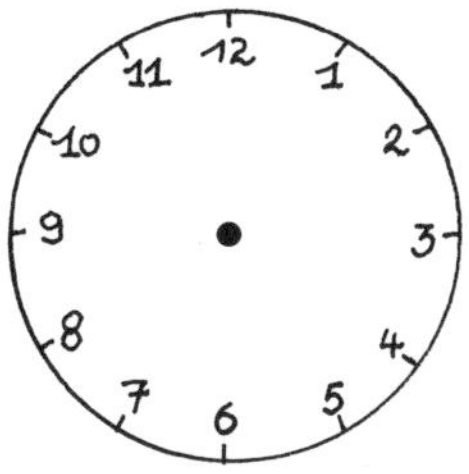

5h25

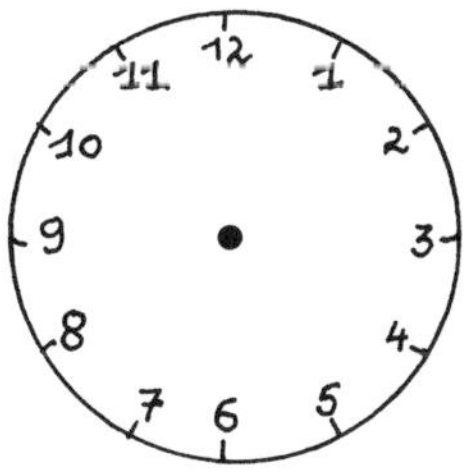

14h10

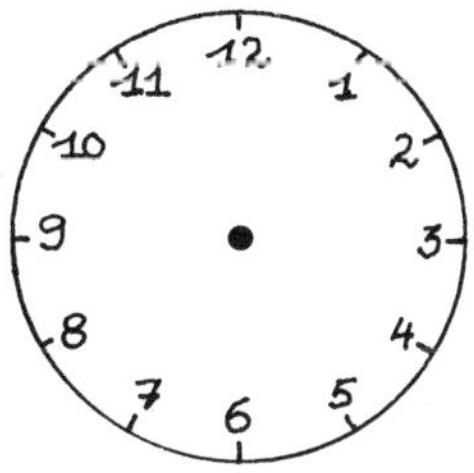

1h50

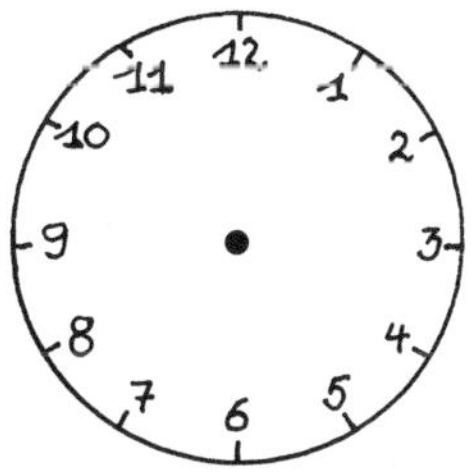

16h30

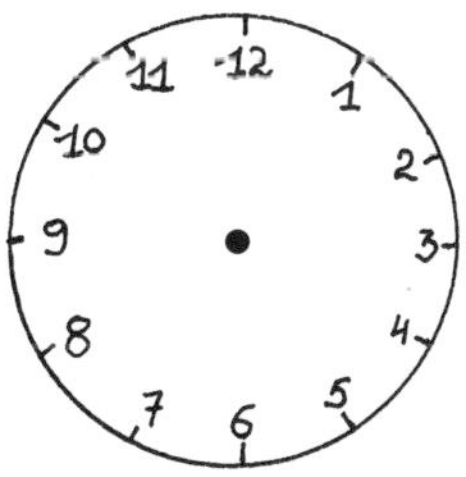

8h20

Dessine 20 minutes plus tard que :

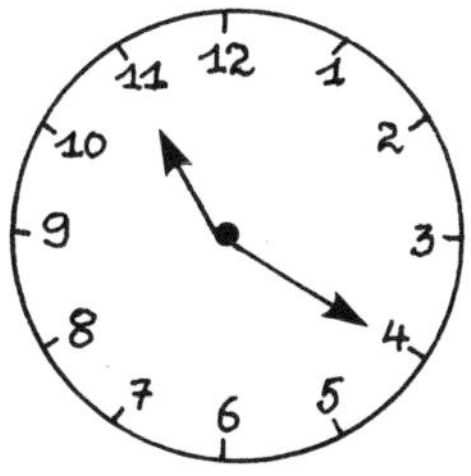

10h20

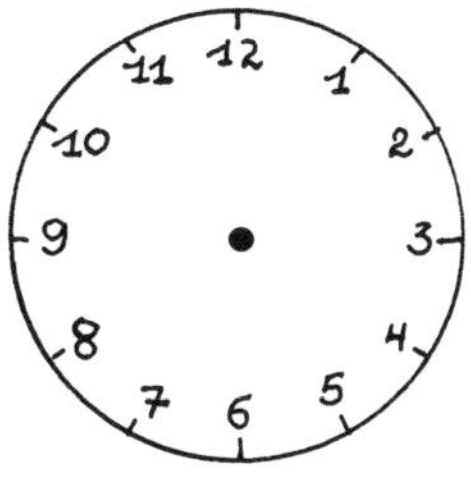

Dessine 20 minutes plus tard que :

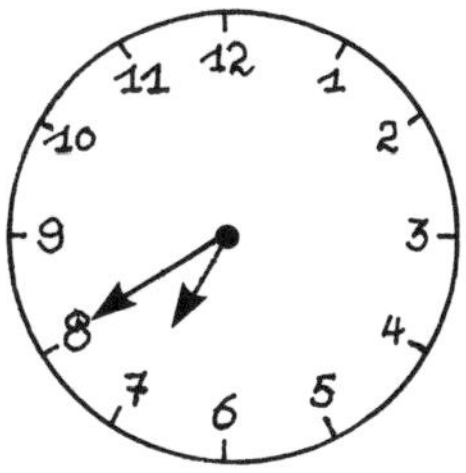

6h40

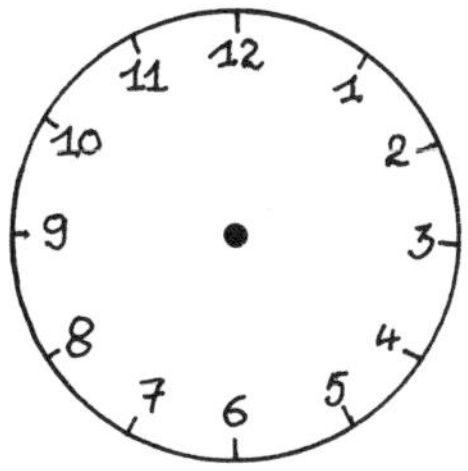

Dessine 35 minutes plus tôt que :

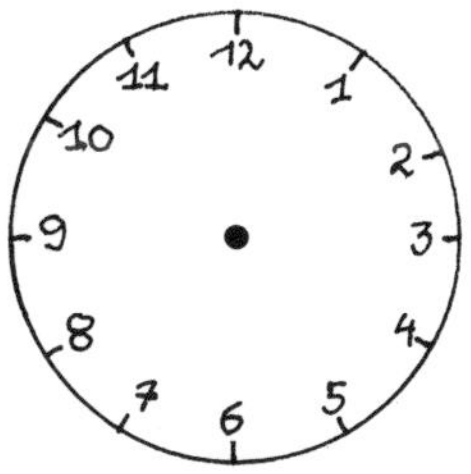

19h30

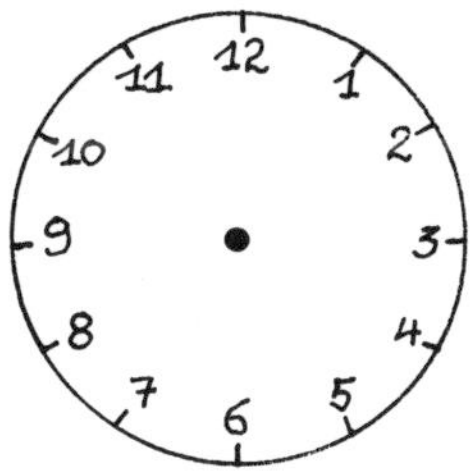

Dessine 35 minutes plus tôt que :

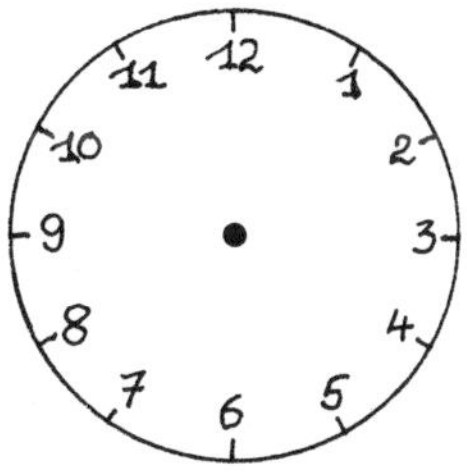

midi

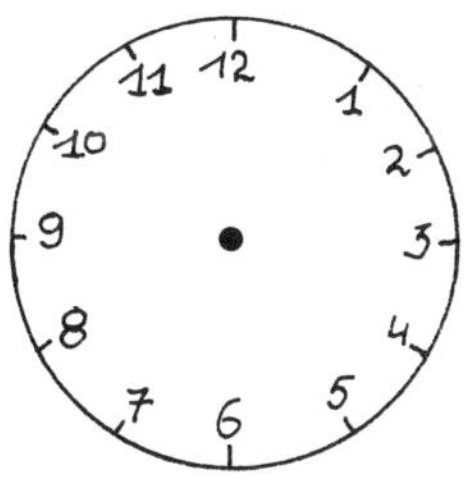

Objectif : savoir lire l'heure sans se tromper.

Habille-nous !

Relie les poupées à leurs vêtements.

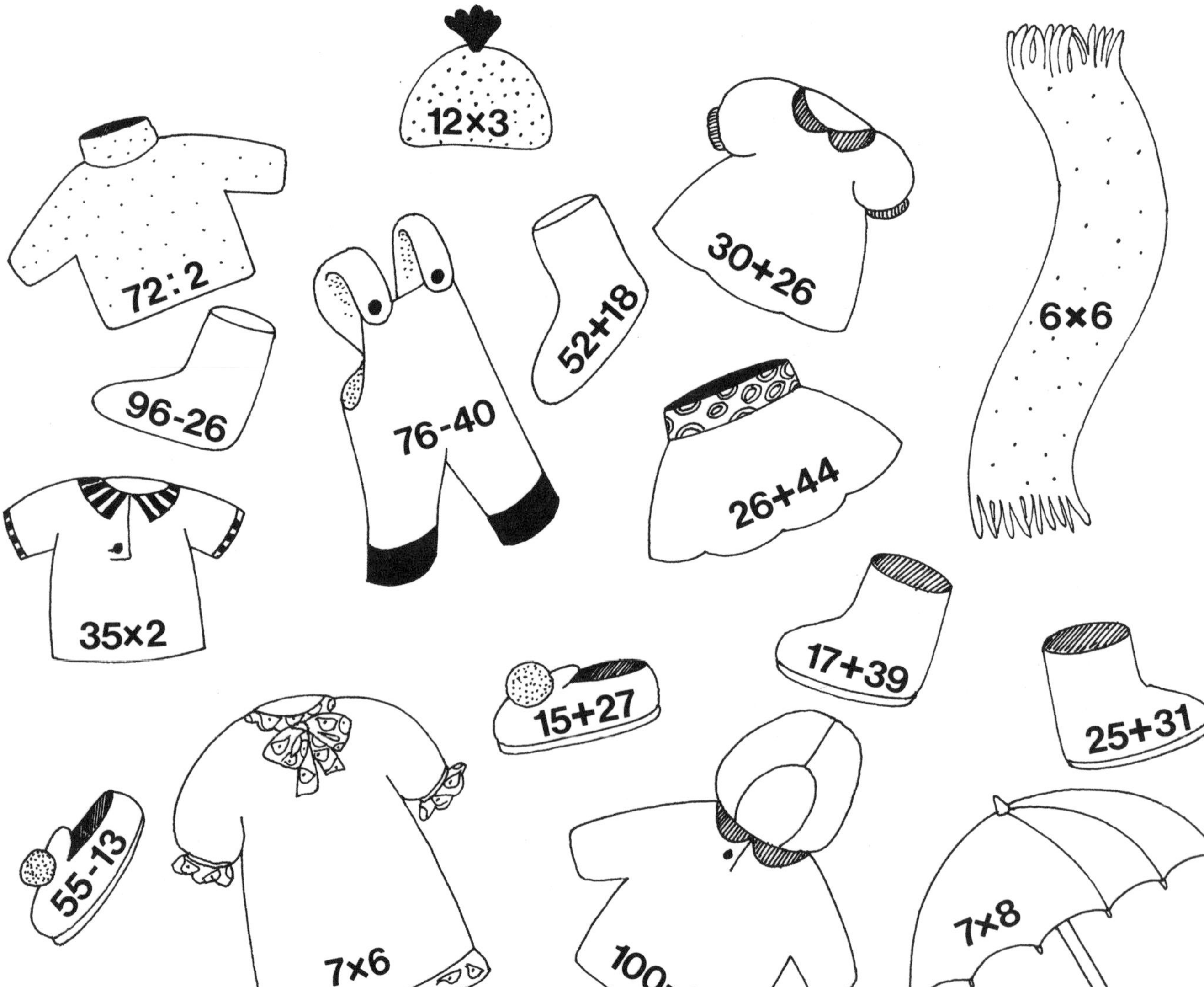

Objectif : calculer et comparer les résultats obtenus.

Additions et soustractions

2 Fais tous les calculs.

30 + 15 = .	63 + 27 = .	18 + 46 = .
18 + 20 = .	20 + 74 = .	36 + 27 = .
53 − 25 = .	16 − 9 = .	76 − 28 = .
84 + 17 = .	47 − 28 = .	65 − 48 = .
72 − 34 = .	12 + 24 = .	35 + 37 = .
33 + 29 = .	43 + 45 = .	52 + 18 = .
46 − 10 = .	13 + 39 = .	20 + 78 = .
12 + 74 = .	24 + 56 = .	47 − 33 = .
91 − 30 = .	75 − 55 = .	80 − 12 = .
49 − 23 = .	16 + 36 = .	100 − 7 = .
76 + 13 = .	54 − 18 = .	21 + 49 = .
82 + 8 = .	52 − 24 = .	45 + 45 = .
63 − 15 = .	13 + 36 = .	6 + 36 = .
55 + 44 = .	25 + 75 = .	57 − 19 = .
43 + 18 = .	83 − 66 = .	100 − 90 = .

Objectif : additionner et soustraire les nombres de 1 à 100.

Les mesures

Prends ta latte et mesure tous les animaux que tu vois sur cette page.

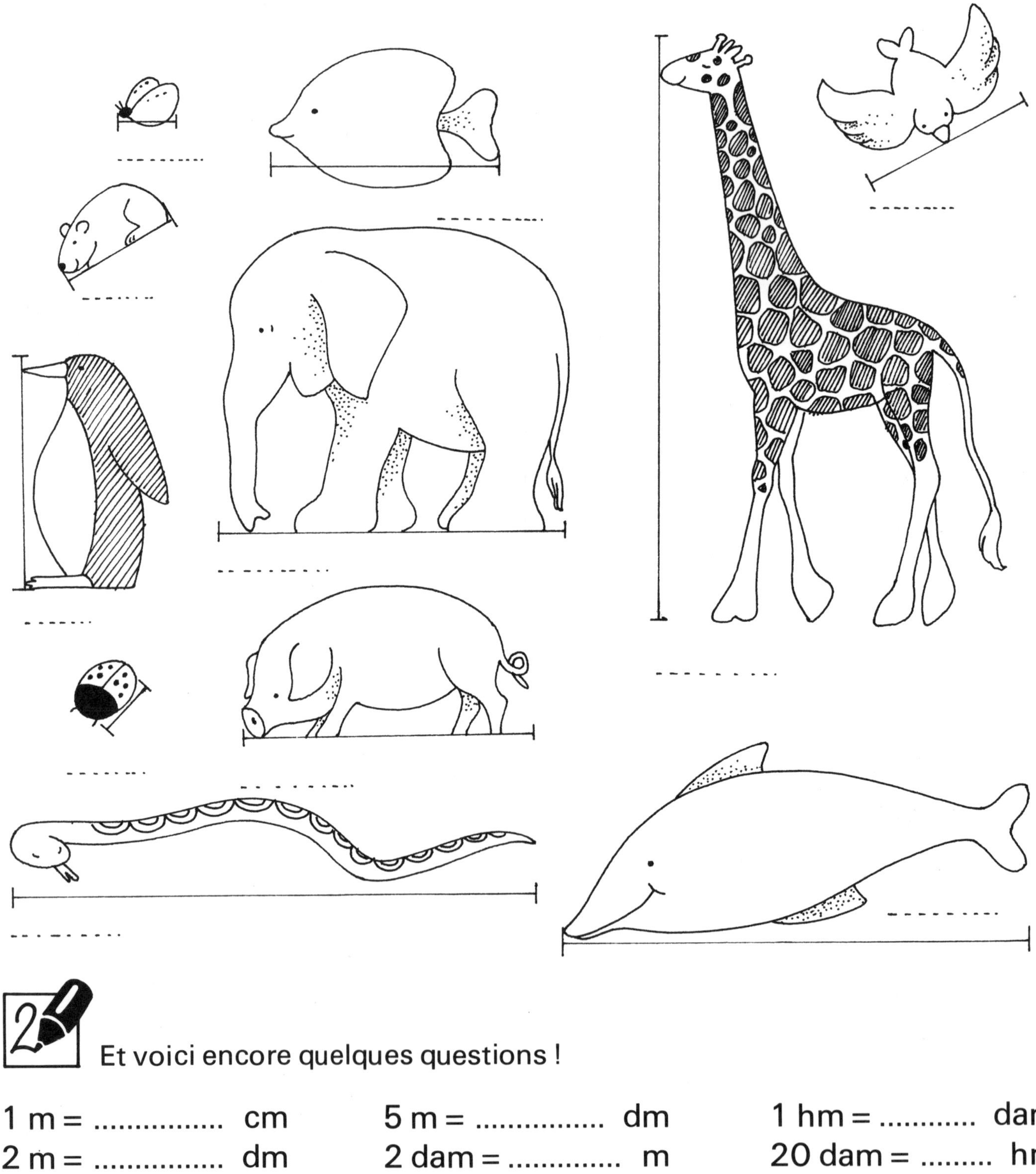

Et voici encore quelques questions !

1 m = ... cm	5 m = ... dm	1 hm = ... dam
2 m = ... dm	2 dam = ... m	20 dam = ... hm
1/2 dm = ... cm	4 1/2 dam = ... m	6 1/2 dm = ... cm
20 cm = ... dm	50 m = ... dam	4 hm = ... m
2 1/2 m = ... cm	30 cm = ... dm	5 1/2 m = ... dm

Objectif : connaître les différentes unités de mesure.

A l'école

Complète les calculs avec les signes +, –, : ou ×.

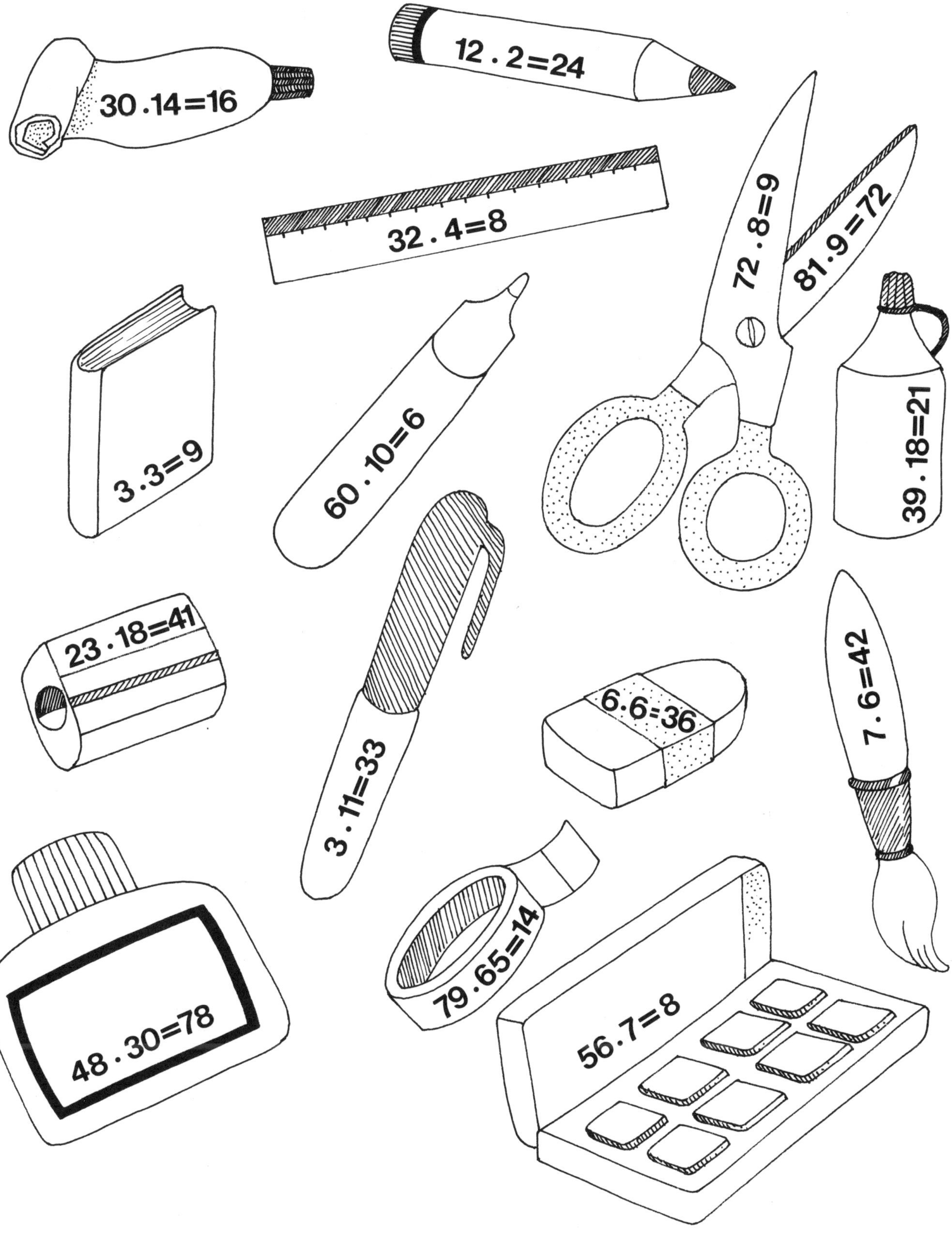

Objectif : découvrir quelle opération est réalisée à partir de nombres donnés.

Les séries

Continue les séries de nombres.

2	4	6	8	10
50	45	40	35	30
3	6	9	12	15
10	20	30	40	50
4	7	10	13	16
1	7	13	19	25
100	90	80	70	60
2	6	10	14	18
6	12	18	24	30
70	63	56	49	42
50	100	150	200	250

Objectif : continuer des séries de nombres de façon logique.

Le dessin caché

Pour savoir ce qui est caché, fais d'abord tous les calculs puis colorie les cases où le résultat est égal à 65 en bleu.

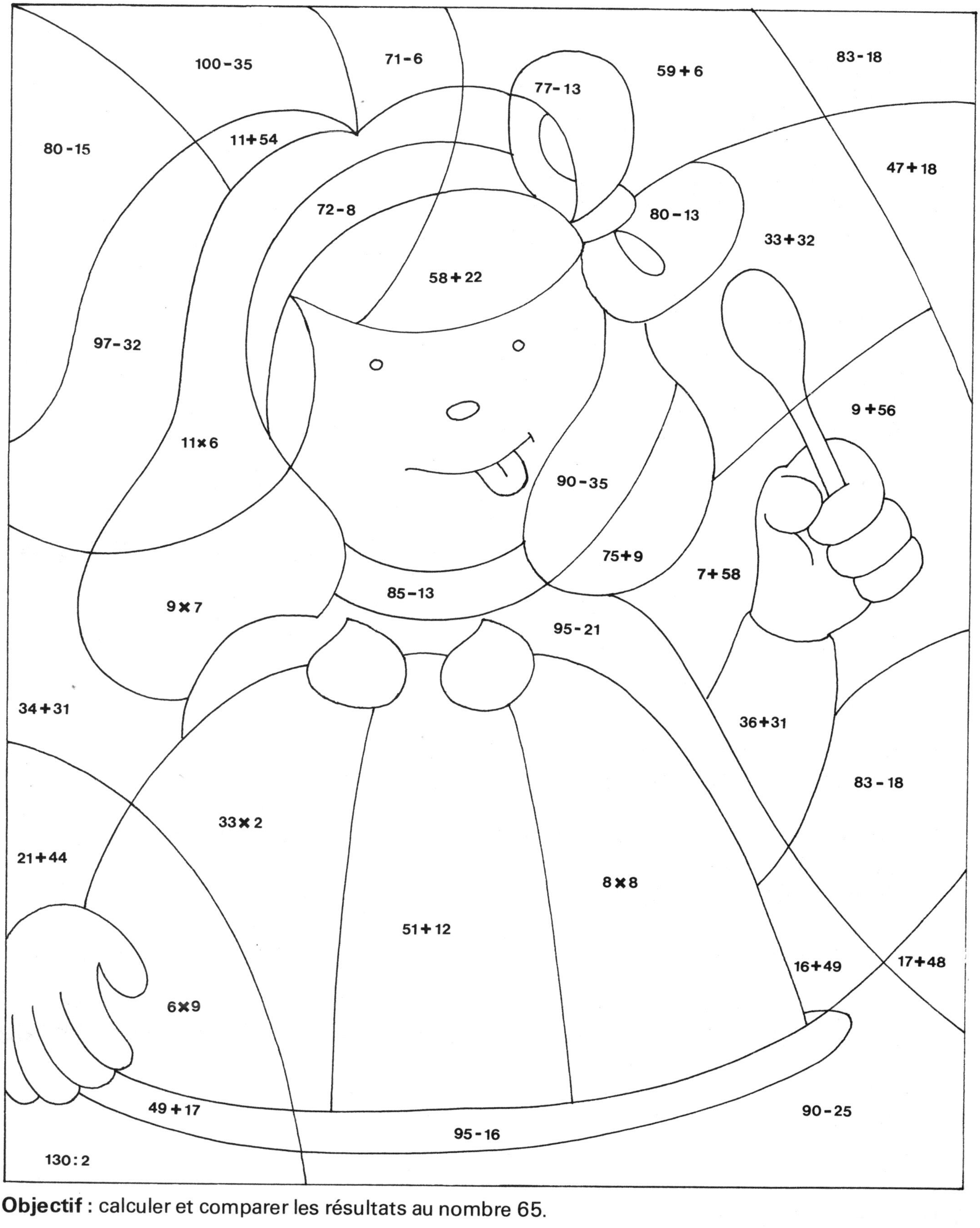

Objectif : calculer et comparer les résultats au nombre 65.

Le port

Essaye de résoudre les petits problèmes suivants.

1- Dans le port, il y a 5 cargos, 12 bateaux de pêche, 28 voiliers et 7 hors-bords. Combien de bateaux y a-t-il en tout ?

2- Les 28 voiliers ont tous 2 voiles. Combien de voiles y a-t-il en tout ?

3- Le filet du bateau de pêche de Paul est un rectangle de 10 mètres de long et de 6 mètres de large. Peux-tu calculer son contour ?

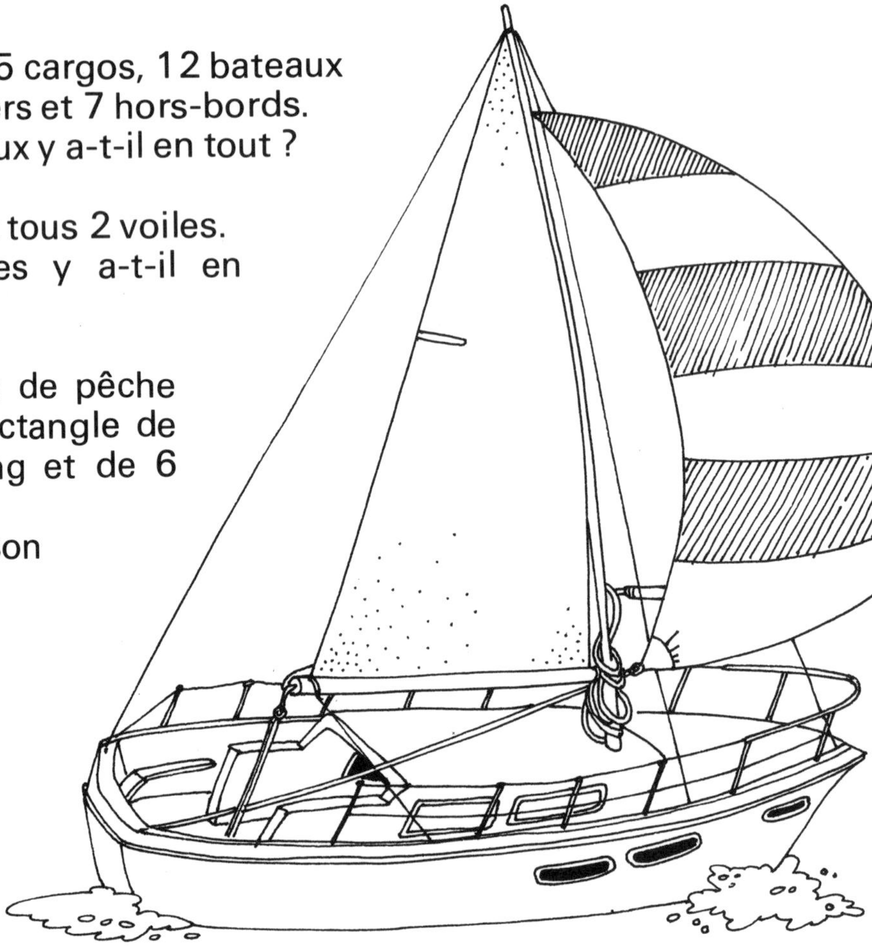

4- Sur chacun des 5 cargos il y a 25 marins. Combien de marins y a-t-il sur les 5 cargos ensemble ?

5- Un des bateaux de pêche mesure 25 mètres et un des voiliers mesure 8 mètres. Combien de mètres le bateau de pêche mesure-t-il en plus ?

6- Paul a pêché 64 kg de poissons et Vincent a pêché 39 kg de poissons. Combien de kg de poissons Paul a-t-il pêchés en plus ? Combien de kg de poissons ont-ils pêchés ensemble ?

7- Un hors-bord fait le tour du port en 10 minutes. En combien de temps fait-il 6 tours du port ?

Objectif : résoudre des problèmes.

Quel vent !

2 Des morceaux de calcul se sont envolés. Peux-tu les remettre à la bonne place ?

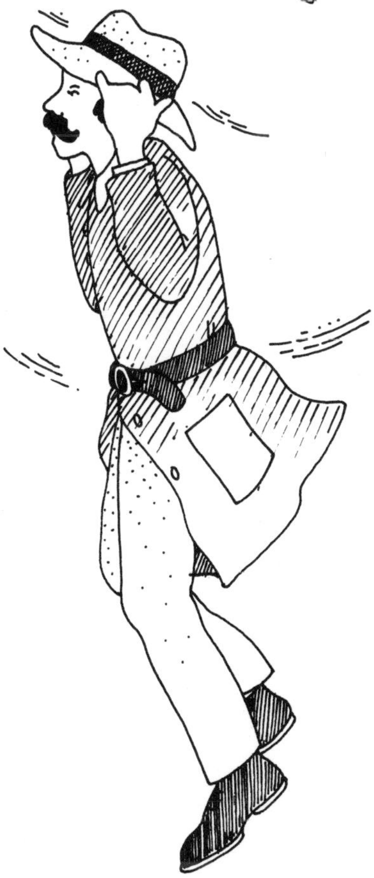

42	:	7	=		28	:		=	14
30		3	=	90		×	8	=	56
58	+		=	72	100		9	=	91
	:	2	=	25	63	+		=	88
54	–	36	=			–	69	=	28
	+	42	=	65	43	–	15	=	
9	×		=	72	39	+		=	84
33		3	=	11		×	7	=	63

Objectif : compléter des calculs.

Des formes

Connais-tu ces formes ? Essaye de les classer en utilisant le tableau du bas de la page.

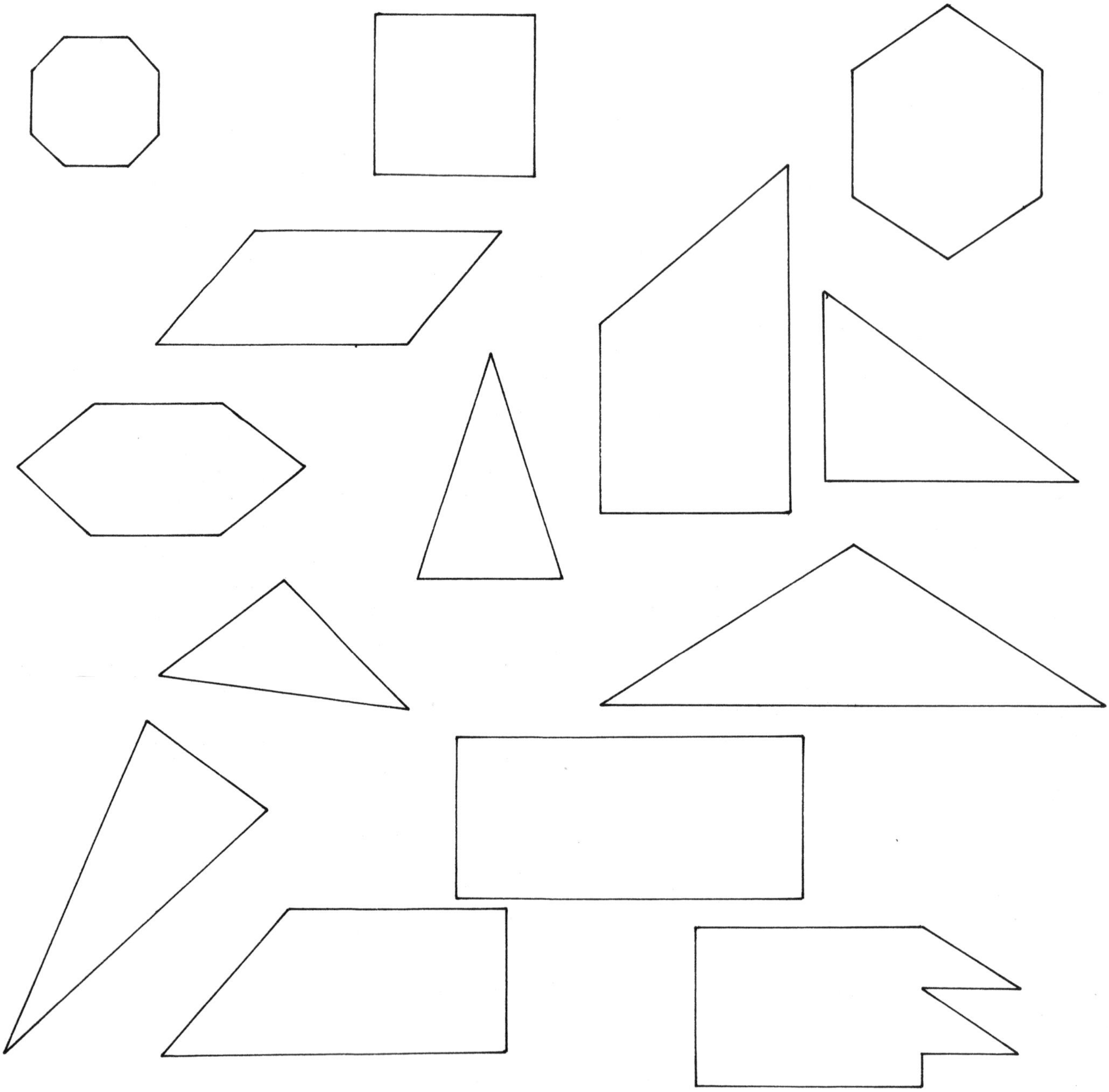

	3 côtés	4 côtés	6 côtés	8 côtés	Total
Pas d'angles droits					
Au moins 1 angle droit					
Total					

Objectif : classement de formes en fonction du nombre de côtés et de la présence d'angles droits.

La chandeleur

2 Qui a mangé le plus de crêpes ?

20 + 20 + 28 + 15 + 13

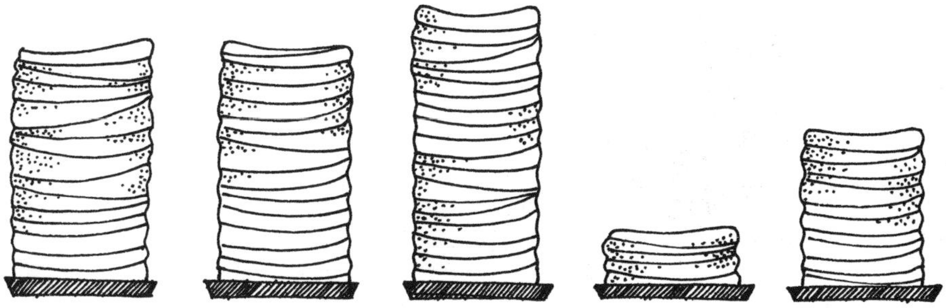

Françoise a mangé .... crêpes.

26 + 5 + 8 + 13 + 19 + 4

Sébastien a mangé .... crêpes.

16 + 15 + 28 + 7 + 17

Véronique a mangé .... crêpes.

3 + 6 + 18 + 8 + 19 + 18

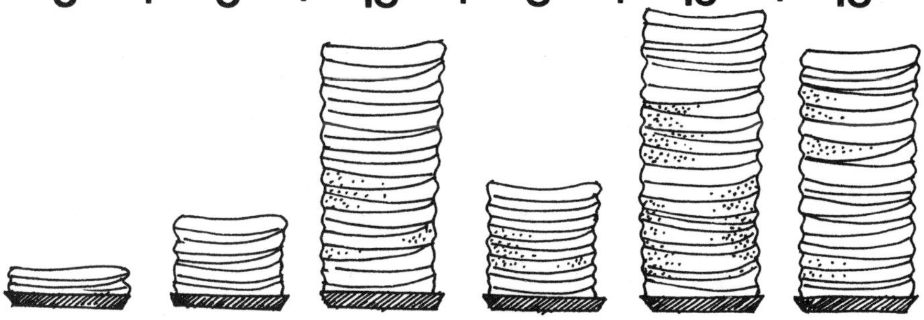

Jonathan a mangé .... crêpes.

Objectif : faire de longues additions.

Multiplications et divisions

Fais tous les calculs.

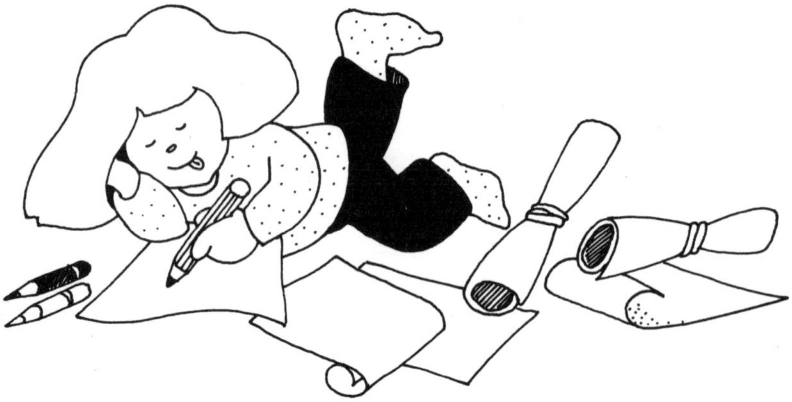

100 : 4 = .
48 : 3 = .
12 × 4 = .
25 × 5 = .
13 × 3 = .
56 : 8 = .
40 : 5 = .
16 × 4 = .
75 : 3 = .
49 : 7 = .
14 × 2 = .
45 : 9 = .
4 × 15 = .

64 : 8 = .
36 : 6 = .
18 × 5 = .
10 × 12 = .
6 × 8 = .
27 : 3 = .
32 : 8 = .
35 : 7 = .
24 : 3 = .
23 × 4 = .
6 × 12 = .
42 : 6 = .
11 × 8 = .

4 × 9 = .
20 × 5 = .
72 : 3 = .
5 × 13 = .
48 : 3 = .
63 : 9 = .
9 × 10 = .
90 : 6 = .
18 × 3 = .
56 : 7 = .
17 × 4 = .
80 : 4 = .
50 : 2 = .

Objectif : multiplier et diviser.

Des locomotives et des wagons

Fais les calculs et relie les wagons aux locomotives qui ont un résultat identique.

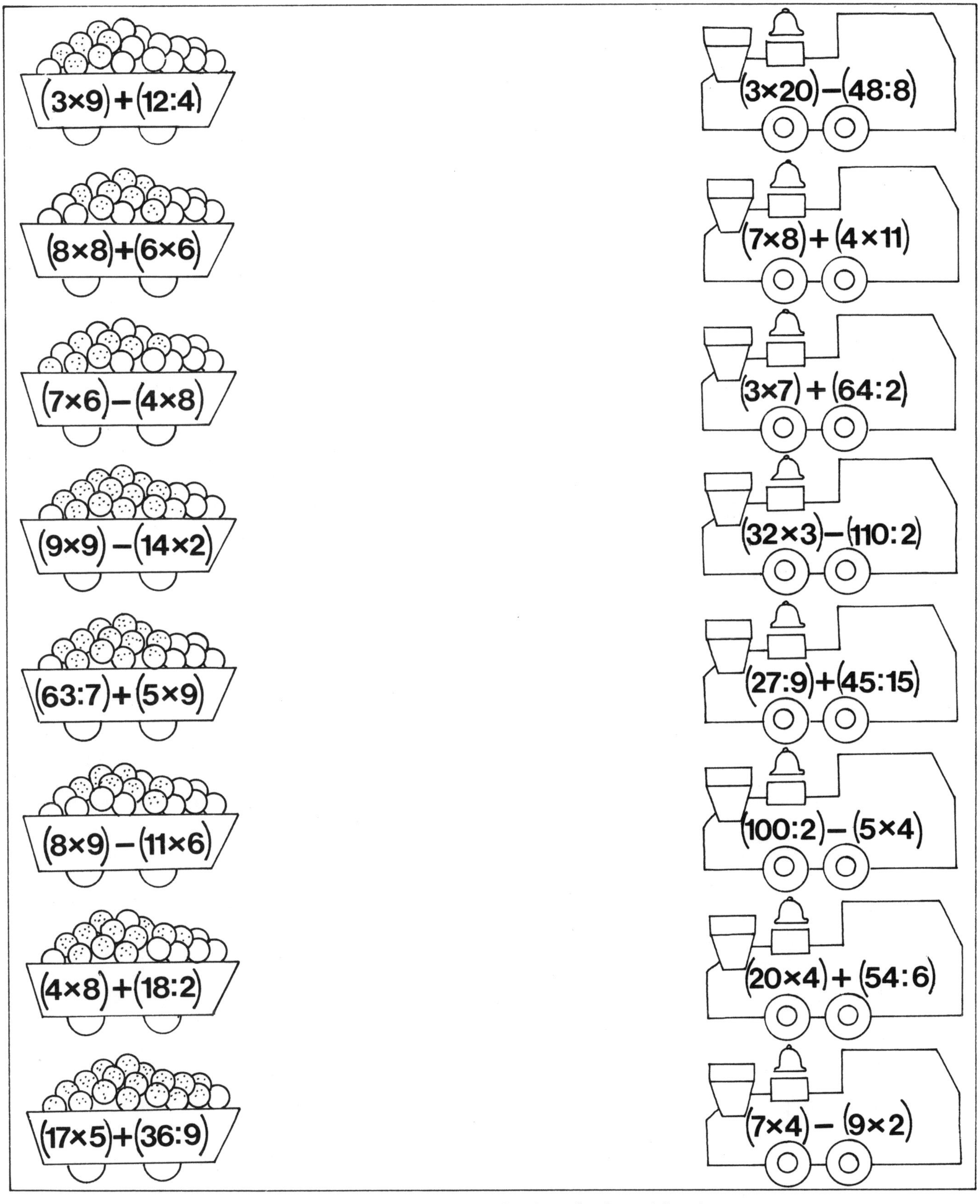

Objectif : faire des calculs à plusieurs membres et relier les résultats identiques.

Tableaux

Fais toutes les multiplications.

×	2	7	3	8	4	9	5	10	6
10									
8									
6									
4									
2									
9									
7									
5									
3									

Fais tous les calculs sauf s'il y a un dessin dans la case.

+	50	32	17	41	24	7
13						
25						
9						
46						
39						
48						

−	53	16	34	28	6	47
90						
71						
88						
56						
75						
63						

Objectif : multiplier, additionner et soustraire.

Comme dans un miroir !

Recopie les trois dessins en miroir.

Les dessins ont été recopiés en miroir mais il y a des fautes. Essaye de les découvrir.

Objectif : acquérir la maîtrise du dessin en miroir.

Quel appétit !

Résous les problèmes.

Aujourd'hui Gros Jules a mangé :
- 4 salades
- 3 poulets
- 12 kg de frites
- 6 kg de saucisses
- 5 kg de carottes
- 10 kg de glace
- 100 g de sel
- 10 g de poivre

Et il a bu :
- 3 l de grenadine
- 1 l et 1/2 de jus d'orange

Peux-tu répondre à ces quelques questions ?

- Qu'est-ce que Gros Jules aurait mangé s'il avait mangé le triple ?
- Qu'est-ce que Gros Jules aurait mangé s'il avait mangé la moitié ?
- Combien de litres Gros Jules a-t-il bus ?
- Combien de dl de grenadine a-t-il bus ?
- Combien de dl de jus d'orange a-t-il bus ?
- Combien de dl a-t-il bus en tout ?
- 1 poulet pèse 1 1/2 kg. Combien de kg de poulet a-t-il mangés ?
- Combien de demi-kilos de frites a-t-il mangés ?
- Combien de dag de sel a-t-il mangés ?
- Le sel se vend en sachets de 20 g. Combien de sachets a-t-il mangés ?
- Combien de dag de poivre a-t-il mangés ?

Objectif : résoudre des problèmes de système métrique en rapport avec les poids et les capacités.

< , > ou =

Fais tous les calculs puis choisis les bons signes, comme dans l'exemple.

71 – 37	<	7 × 5	5 × 9		6 × 7
8 × 9		26 + 44	33 × 3		25 × 4
39 : 3		4 × 3	71 – 69		27 : 3
8 × 7		73 – 17	45 : 3		3 × 5
100 : 4		50 : 2	6 × 6		61 – 21
12 + 15		9 + 19	100 : 2		8 × 6
62 – 14		18 + 29	11 × 8		47 + 38
8 × 8		89 – 25	99 – 6		36 + 57
63 : 7		59 – 52	47 – 23		2 × 12
8 × 9		3 × 22	36 : 2		34 – 18
6 × 5		4 × 8	2 × 9		92 – 72
99 – 18		45 + 41	15 × 4		9 × 7
15 × 5		3 × 25	9 × 6		38 + 17
23 + 29		63 – 9	24 + 8		4 × 8
4 × 4		64 : 4	10 × 8		91 – 9
15 + 58		32 + 41	77 : 7		80 : 8
81 – 13		58 + 8	55 – 32		21 + 23

Objectif : calculer et utiliser les signes < , > et =.

Les poissons

2 Complète les calculs des bulles. Les résultats sont inscrits sur les poissons.

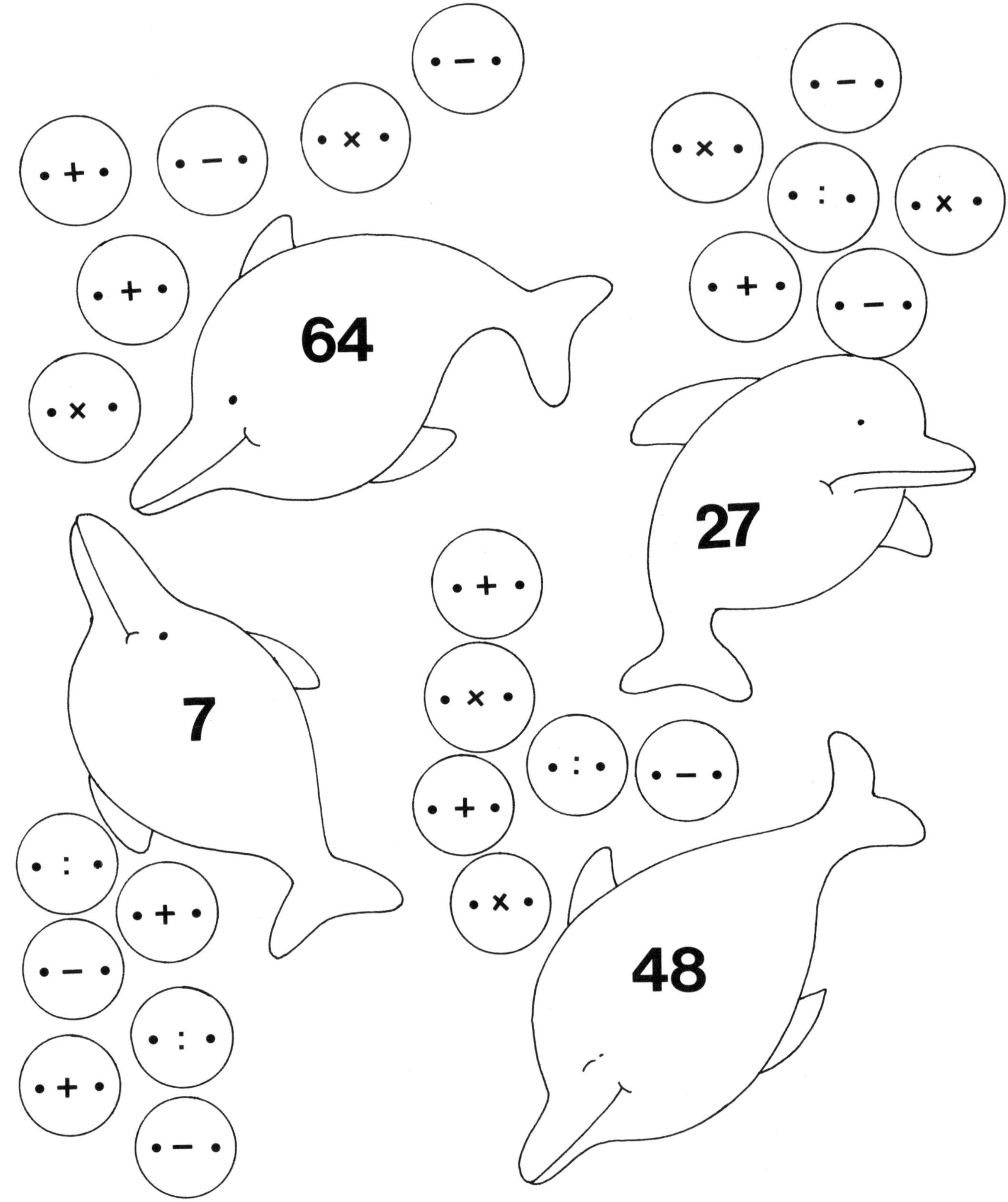

Objectif : découvrir plusieurs opérations donnant un même résultat.

Jusque 100 !

2 Complète le serpent.

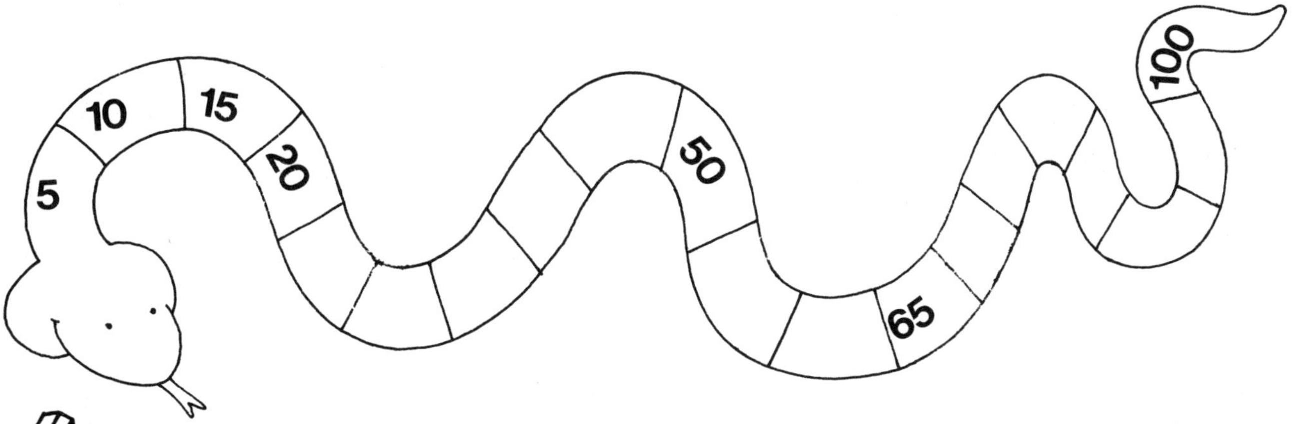

Colorie la case en rouge si le nombre est plus grand que 75 et colorie-la en vert si le nombre est plus petit que 65.

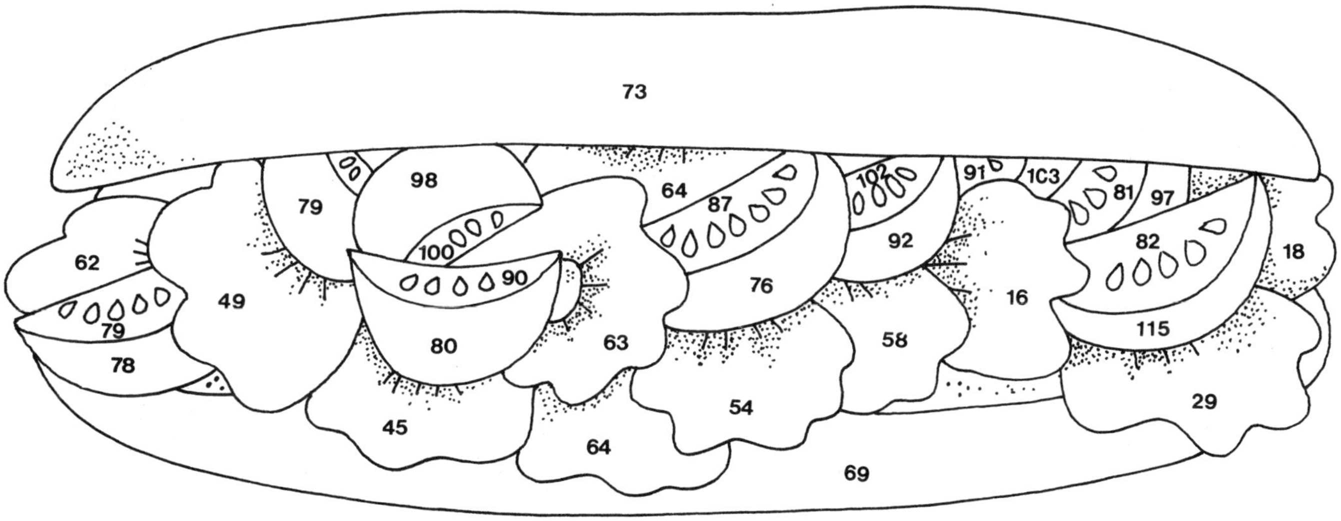

Complète par le bon signe (< , > ou =).

45 53	34 54	57 11
99 33	28 72	3 23
27 38	72 72	19 91
47 22	89 39	31 45
12 63	51 15	89 89

Objectif : connaître l'ordre des chiffres de 1 à 100.

La course

2 La voiture qui passe l'arrivée avec le plus de points gagne la course.
Commence à calculer avec le nombre inscrit sur la voiture.

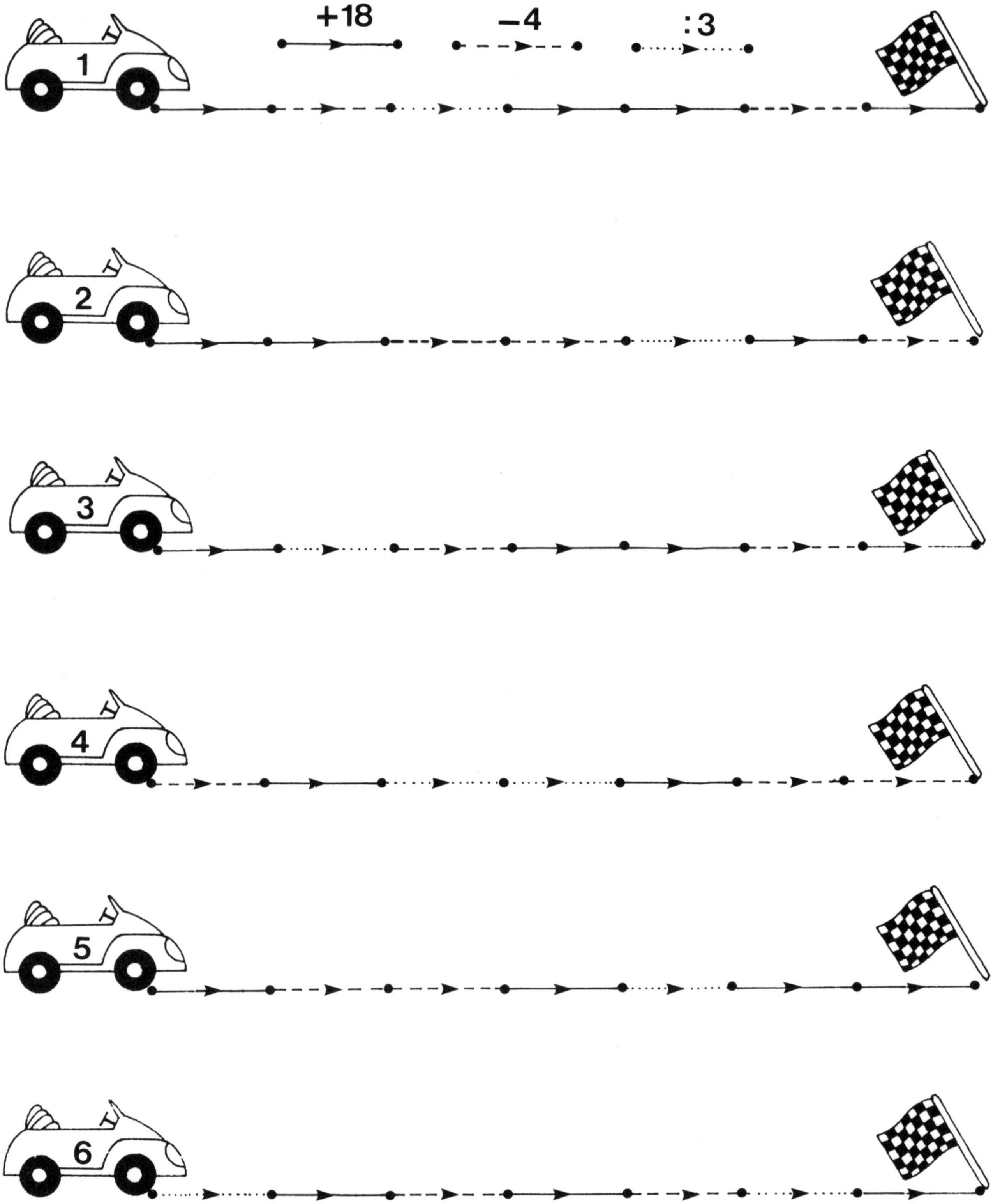

Objectif : faire de longs calculs en utilisant un code associant symboles et opérations mathématiques.

Problèmes d'heure

Réponds à toutes les questions sans te tromper.

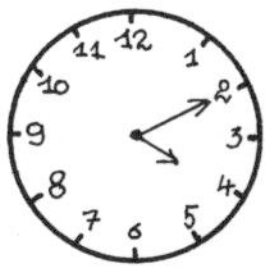

Benoît commence à faire ses devoirs.

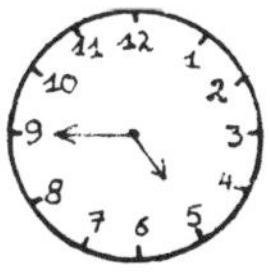

Benoît a fini ses devoirs.

Benoît a fait ses devoirs en .... minutes.

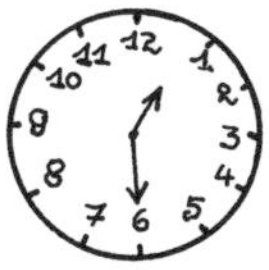

Valérie commence à déjeuner.

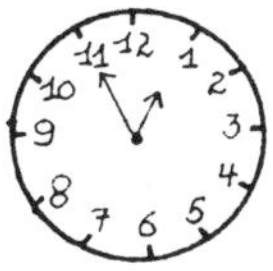

Valérie termine de déjeuner.

Valérie a déjeuné en .... minutes.

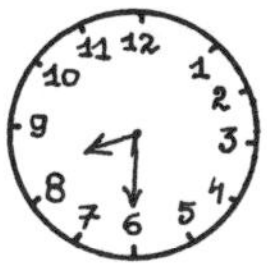

Sophie entre à l'école.

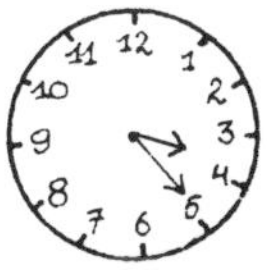

Sophie sort de l'école.

Sophie est restée à l'école ...... h .... minutes.

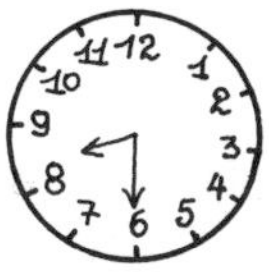

Pierre va dormir.

Pierre se lève.

Pierre a dormi ...... h .... minutes.

Réponds aussi à ces questions-ci !

Pascale monte aux espaliers en 6 secondes.
Combien de temps met-elle pour monter 10 fois aux espaliers ?

Sébastien remplit un verre d'eau en 3 secondes.
Combien de temps met-il pour remplir 6 verres ? 10 verres ? 15 verres ?

Jean-Jacques fait 4 fois le tour du pâté de maisons en 1 minute.
En combien de temps fait-il 1 tour ?

Laurence cueille 3 pommes en 10 secondes.
Combien de pommes cueille-t-elle en 1 minute.

Objectif : résoudre des petits problèmes d'heure.

Le vélo de Maud

Pour aider Maud à retrouver son vélo, fais tous les calculs et relie les résultats pairs dans le bon ordre.

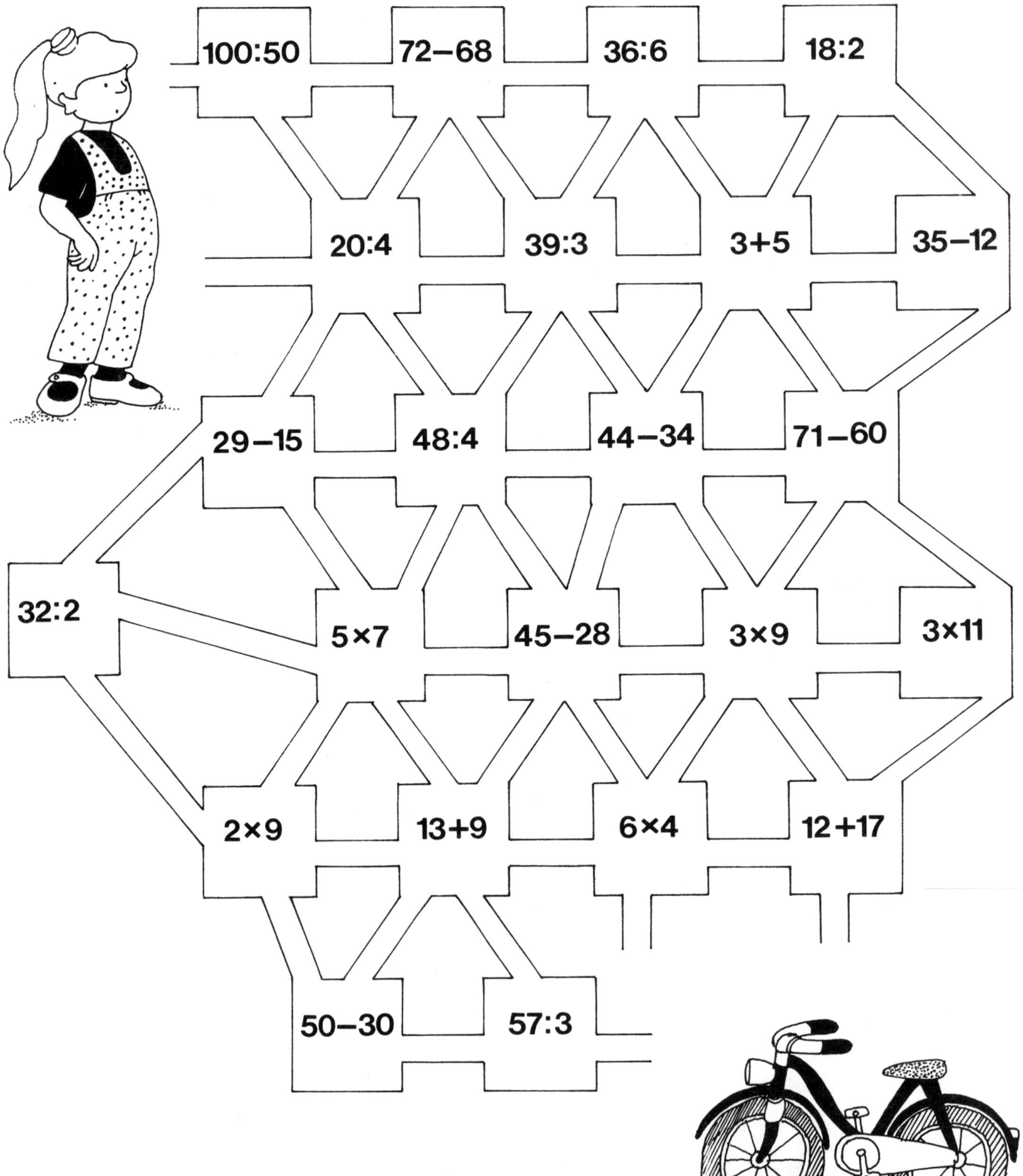

Objectif : calculer et comprendre la notion de nombre pair.

Les rotations

On peut faire tourner les figures dans les deux sens. Termine les figures comme dans l'exemple.

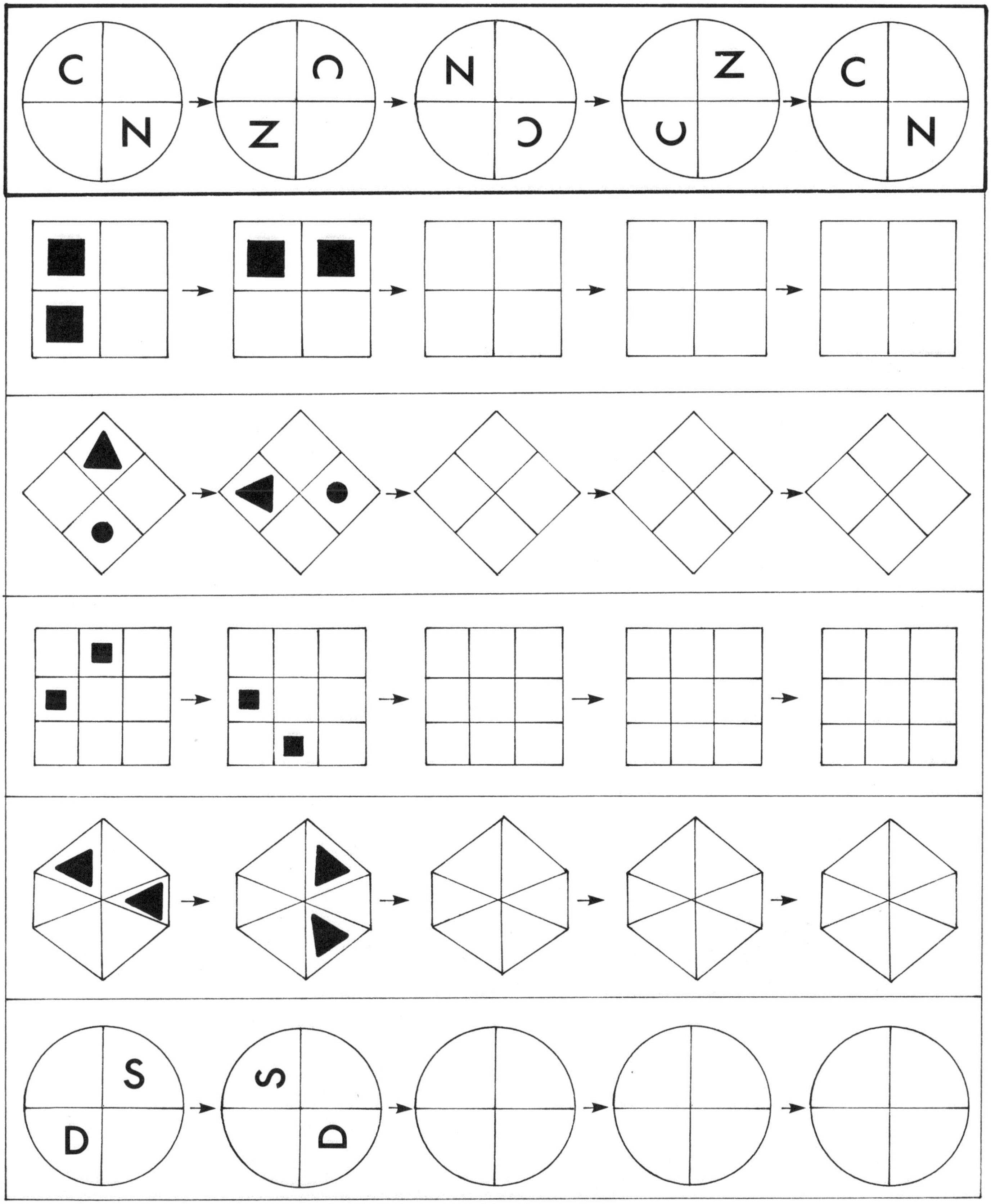

Objectif : compréhension de la notion de rotation autour d'un axe.

L'animal mystérieux

Pour savoir quel est l'animal qui est caché derrière les arbres, fais les calculs et écris les lettres au-dessus des résultats identiques.

			N						
24	33	56	14	42	9	72	24	42	50

A– 8 × 8 = .
B– 34 – 11 = .
C– 27 : 3 = .
D– 35 : 5 = .
E– 9 × 8 = .
F– 28 + 16 = .
G– 74 – 9 = .
H– 11 × 3 = .
I– 7 × 8 = .
J– 38 + 22 = .
K– 72 : 9 = .
L– 47 + 14 = .
M– 58 – 12 = .

N– 28 : 2 = 14
O– 66 – 24 = .
P– 100 – 2 = .
Q– 39 – 24 = .
R– 12 + 12 = .
S– 200 : 4 = .
T– 3 × 12 = .
U– 36 : 6 = .
V– 9 × 9 = .
W– 42 : 7 = .
X– 58 – 36 = .
Y– 47 + 15 = .
Z– 28 : 7 = .

Objectif : calculer et associer les résultats aux nombres identiques.

Les chapeaux

Fais les calculs et relie les résultats identiques pour savoir à qui appartiennent les chapeaux.

Objectif : calculer et relier les nombres identiques.

Colorier

Fais les calculs et colorie selon les réponses obtenues.
72 = rouge, 13 = jaune, 25 = vert, 18 = bleu, 62 = orange.

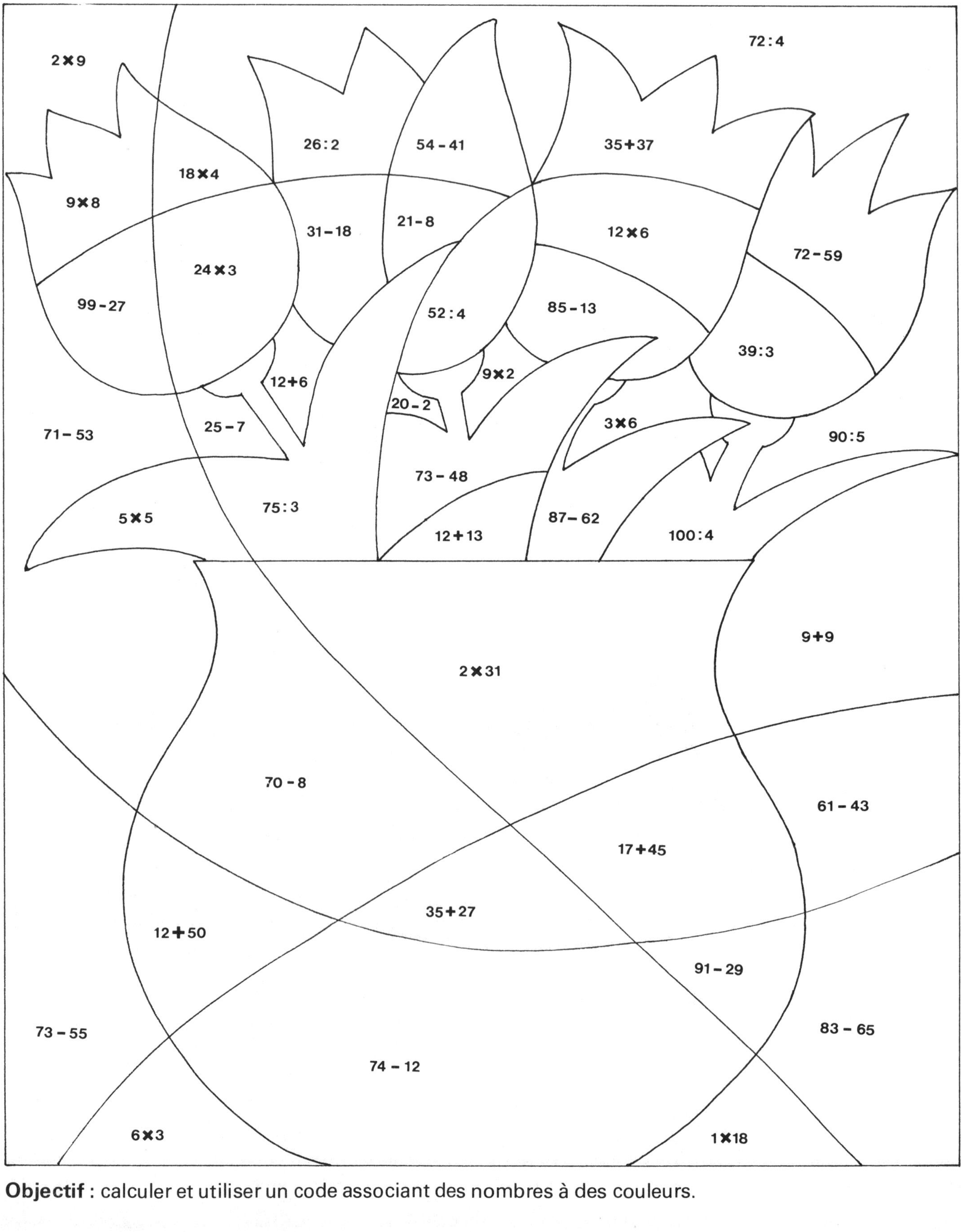

Objectif : calculer et utiliser un code associant des nombres à des couleurs.

Les os des chiens

2 Termine les calculs des os des chiens. Les résultats sont inscrits sur les chiens.

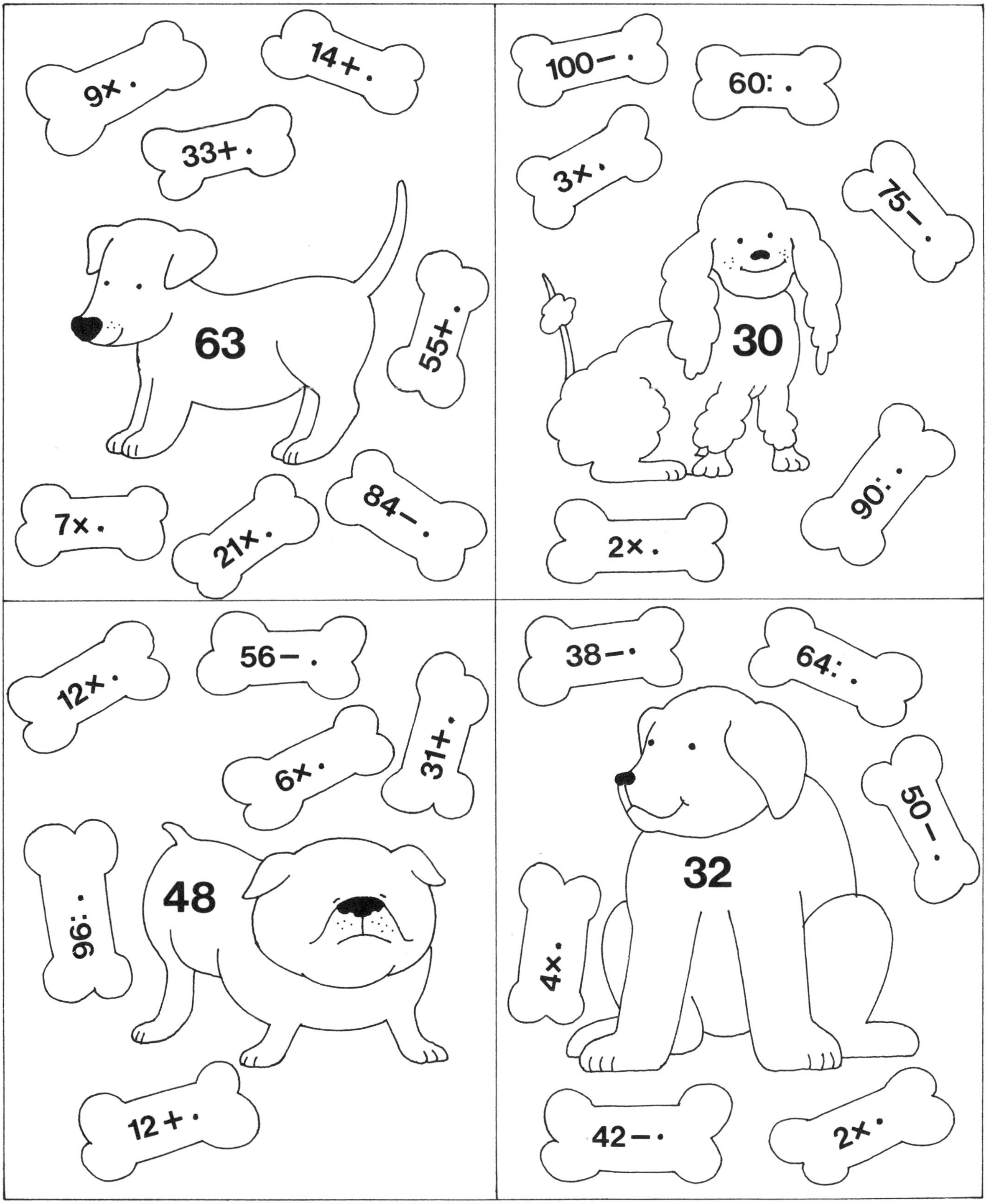

Objectif : compléter des calculs pour former les nombres 30, 32, 48 et 63.

Les rectangles

Le contour d'un rectangle est égal à : 2 longueurs + 2 largeurs.
Mesure les rectangles suivants et calcule leur contour.

longueur = ... cm
largeur = ... cm
contour = ... cm

longueur = ... cm
largeur = ... cm
contour = ... cm

longueur = ... cm
largeur = ... cm
contour = ... cm

longueur = ... cm
largeur = ... cm
contour = ... cm

longueur = ... cm
largeur = ... cm
contour = ... cm

longueur = ... cm
largeur = ... cm
contour = ... cm

longueur = ... cm
largeur = ... cm
contour = ... cm

Colorie la partie demandée.

1/2 **5/15** **3/8** **1/4**

6/8 **5/12** **2/9** **1/5** **3/4**

Objectif : étude du rectangle.

A la plage

Réponds le mieux possible aux questions.

Sur la plage il y a 39 hommes, 41 femmes et 23 enfants.
Combien de personnes y a-t-il en tout ?

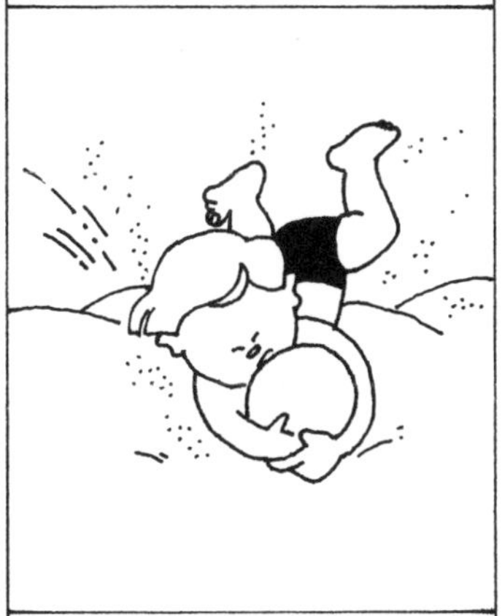

Thierry a rattrapé 8 fois la balle, Sylvie le double et Vincent le triple.
Combien de fois Vincent a-t-il rattrapé la balle ? Et tous les trois ensemble ?

Elodie achète 21 glaces. Elle les partage entre ses 7 amis.
Combien de glaces reçoit chaque ami ?

Annick a pêché 2 kg de crevettes lundi, la moitié mardi et le quart mercredi.
Combien de kg de crevettes a-t-elle pêchés en tout ?

13 enfants font chacun 3 châteaux de sable.
Combien de châteaux ont-ils faits en tout ?

François nage 100 mètres en 10 minutes.
Combien de mètres nage-t-il en 1 heure ? Et en 1 h 20 ?

Gaëtan a ramassé 26 coquillages, Ludovic en a ramassé 45 et Nadia 23.
Combien de coquillages ont-ils ramassés en tout ?

Elodie a fait des fleurs en papier. Elle donne 8 fleurs à chacun de ses 9 amis.
Combien de fleurs a-t-elle données en tout ?

Objectif : résoudre des problèmes.

Le bon calcul

Entoure le calcul dont le résultat est inscrit dans la marge.

80	100 : 5 20 + 50 90 – 12 20 × 4 6 × 10	**42**	70 : 2 15 + 33 6 × 7 52 – 5 24 + 26	**27**	3 × 8 52 : 2 2 × 14 49 – 13 9 × 3
36	6 × 6 56 – 26 5 × 7 16 + 17 30 + 36	**12**	28 : 2 3 × 3 30 – 18 45 : 3 4 × 8	**72**	80 : 4 8 × 8 100 – 12 9 × 8 24 + 35
16	64 : 4 32 + 8 24 – 6 3 × 9 57 : 3	**62**	12 + 45 4 × 9 35 + 27 59 + 4 9 × 7	**81**	8 × 7 40 + 51 100 – 11 9 × 9 48 + 37
90	7 × 11 36 + 54 8 × 9 52 + 45 92 – 5	**56**	7 × 8 26 + 25 90 – 36 9 × 6 10 + 47	**28**	12 + 13 40 – 13 3 × 7 56 – 14 7 + 21

Objectif : calculer et comparer les résultats obtenus.